| 香山文化丛书 |

 厦门市翔安区文体广电出版旅游局 编

潘志坚 著

谨以此书献给翔安建区10周年

鸣谢以下单位为丛书出版提供帮助及经费支持：
中共厦门市翔安区委宣传部
厦门市翔安区教育局

厦门大学出版社　国家一级出版社
XIAMEN UNIVERSITY PRESS　全国百佳图书出版单位

编委会

顾　问：陈永裕　陈飞铭　黄奋强　林进胜
策　划：曾东生　林奕田　朱丰收　邵文化
总主编：王才能
撰　稿：潘志坚
编　委：潘志坚　洪水乾　蔡清文　蔡伟璇
摄　影：潘志坚
版式设计：潘志坚

执行机构：　　厦门市翔安区文化馆

总序

翔安山川毓秀、人文荟萃、历史悠久。

翔安前身为马巷厅,据《马巷厅志》记载,古马巷厅治广三十二里,袤五十里,辖翔风、民安,同禾三里共五十八保,辖区为今翔安的大嶝、新店、马巷、内厝、新圩及金门县等地。区名集翔风里、民安里古地名而得,寓意翱翔安康。

宋代理学宗师朱熹曾于翔安设堂讲学,翔安因"紫阳过化"而得誉"海滨邹鲁之乡,声名文物之邦";邱葵、许獬等曾在香山隐居求学;理学名宦林希元、兵部侍郎洪朝选、文坛怪杰辜鸿铭、妇科名医林巧稚、交通部部长彭德清、中科院院士蔡启瑞、"七月诗派"代表鲁藜等翔安优秀儿女更是增光邑乘。因之,境内文化遗存无数,民俗活动丰富。

2003年,翔安新区成立伊始,文化部门就着手对区域内的民俗文化、民间艺术、文物古迹进行系统性的发掘、整理,香山文化丛书的编写也全面启动。编写人员采访民间传人,收集一手资料,取精华,去糟粕,汇文字资料一百多万字,集图片五千余幅，收集了大量翔实生动的素材。继而韦编三绝，披览典籍，求证方家，几易其稿，历时十年，终可付梓。

香山文化丛书第一辑收录《翔安印象》《翔安掌故》《翔安民俗》《翔安话本》《翔安文物》五册。《翔安印象》用一千余幅图片直观展示翔安的人文历史、自然景观。《翔安掌故》收录八十余则民间故事，详述闾阎情事。《翔安民俗》较完整地描绘翔安的民俗风情，举凡婚丧嫁娶，乡规民约，皆可洞见，信乎"鸟去鸟来山色里，人歌人哭水声中"。《翔安文物》一书是文物普查的结果，通览该书，翔安区内现存文物风貌了然于心。方言是地域文化最重要的载体，是文化多元性的重要特征，《翔安话本》一书厚重而平实，文读雅驯，俚读幽趣，一卷卧看，既可得扪虱之乐，亦可窥乡先贤退食而事教化之功。

厦门文化的根在翔安，香山文化丛书集民间传说，民俗文化，文物古迹，方言文化于一体，是翔安"正简流风，紫阳过化，文教昌明，海滨邹鲁"历史文明的见证。该丛书以丰富的内容、图文并茂的形式阐述丰厚的文化，读者展卷，如阅翔安民俗风情和历史古迹的长卷。

丛书的出版是保护和传承民俗文化所需，是文化强区之举，是展示翔安风土人情之窗，也是联系海内外翔安人感情的桥梁和纽带。这些珍贵的文化遗产，更是供后人学习的乡土教材。

香山文化丛书的出版值翔安建区十周年，我们欣慰，翔安传统文化传承有序，我们期待，今后丛书内容更加丰富。

是为序！

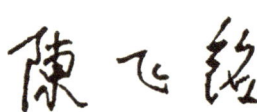

2013年8月于厦门翔安

（序者为厦门市翔安区人民政府区长）

序

捧读好作品，如入芝兰之室；欣赏好画面，如阅生命无数。

生命是本真的，不必赘述和沉淀。一切是朴素的、直接的，更是浪漫的、令人遐思迩想的。光和影让我们为之牵引，为之延伸，为之开阔无比。这就是图片的魅力。

《翔安印象》用一千多张图片记录翔安的前世今生。不讲严谨的章法，没有定格的模式，一种跃然纸上的"蒙太奇"，让熟悉翔安的人们尽情回忆、尽情骄傲，让生分的人们尽情欣赏、尽情向往。这是一部见证翔安历史的纪录片，更是一卷意味深长的无框画。

《翔安印象》全书分成六个部分，"壮哉翔安"全景展示翔安印象；"秀美翔安"翔实记述翔安灵秀风物；"古韵翔安"复古呈现翔安历史风貌；"文化翔安"精心描绘翔安人文风情；"和谐翔安"细腻点染翔安田园牧歌式的民生风景;"魅力翔安"奋力彰显翔安跨越发展中的正茂风华。六个部分,恰似六个乐章,千幅美图,恰似跳跃的音符,令人赏心悦目,如临其境。更妙的是,作者将恰如其分的文字点缀其中,清新而简洁,或趣味盎然,或宁静悠远,或素雅大方,让人在美的享受和陶冶中,进行了一次独具翔安特色的闽南文化之旅。

这是一本关于翔安的书。志坚生于斯、长于斯,他用青春体验,用脚步丈量,用镜头记录这方土地上生息的人们,美丽的故事和令人神往的未来。从生态原味的青山绿水到闽南古意的人文景观,从磅礴的建设场面到恬淡的农家小院,广角也好,特写也罢,无不淋漓尽致地展示了翔安产业发展、新城建设和人民生活"三个新跨越"的深刻履痕。

哲人说过,世界并不缺少美,而是缺少发现美的眼睛。翻开书本,美丽翔安,印象铭心。合上书本,我们对这片土地愈加爱得深沉。我们将继续见证翔安的未来,我们也期待志坚能继续摸着翔安的心跳,留下更多美丽的风景,宁静的感动和让人期待的共同的梦想。

油墨香扑鼻而来,书翻开了。

是为序。

2013年8月于厦门翔安

(序者为中共厦门市翔安区委常委、宣传部部长,文联主席)

目录

SHIANG AN YIN XIANG MU LU

【翔安印象】

总序 / 1

序 / 1

壮哉翔安 / 1

秀美翔安 / 32

古韵翔安 / 60

文化翔安 / 140

和谐翔安 / 182

魅力翔安 / 218

后记 / 246

香山文化丛书

翔安印象

ZHUANG ZAI

壮哉翔安

翔安印象

- 世外桃源
- 香山古刹
- 紫阳过化
- 古镇重辉
- 舫山胜迹
- 曾山遗址
- 袅袅炊烟
- 古道通幽
- 古寨遗风
- 国泰民安
- 两岸一家
- 翔金咫尺
- 畅想和平
- 海底通途

香山文化丛书 印象

世外桃源

幽闲、宁静、如诗如画般的意境，喧嚣都市中为数不多的世外桃源。九溪，虽不是名川大河，没有湍急的水流，却以她独有的温顺和婉约，默默流淌着，滋润翔安数以万顷的沃土，哺育朴实无华的翔安人，见证翔安的变迁与发展，书写着翔安千百年的壮丽诗篇。

翔安母亲河——九溪

九溪

翔安母亲河

翔安印象 · 壮哉翔安

香山古刹

香山，原名荒山，朱熹因此地草木皆香而易名为香山。据记载，香山岩寺始建于南宋，有香山岩寺遗址一处及现存香山岩寺一座。寺内供奉清水祖师，每到正月初六的香山庙会，这里便成为民俗文化展示的舞台，数万善男信女在此聚集，赏宋江阵、拍胸舞等民俗表演，品海蛎煎、地瓜粉条等翔安美食。

狮球石、香山古道、九车十八驴驮、娘仔墓等景点错落有致地分布于以香山岩寺为中心的景区内。如今的香山，已是省级风景名胜区，迸发出无穷的魅力，是翔安的旅游胜地。

香山岩寺

壮哉翔安

香山岩寺大门

朱熹像

紫阳过化

香山,因理学宗师朱熹而闻名遐迩,它以其幽雅的自然环境、丰富的人文资源,吸引了众多文人墨客。许獬、邱葵等古代文学名人均曾在此隐居求学,留下许多动人传说及历史典故。朱熹任同安主簿时,曾久居香山并留下手迹,现在香山景区内仍完好保存其题写的"真隐处"碑刻,"紫阳过化"让翔安享有"海滨邹鲁之乡,声名文物之邦"的盛誉。如今,驻足徽国文公祠内,似乎可以想见朱熹设堂讲学的情景。

香山古道

朱熹手迹

徽国文公祠

翔安印象 壮哉翔安

徽国文公祠

古镇重辉

马巷为千年古镇，原名马家巷，因地形如船，别称舫山，为闽南四大古镇之一，自古为闽南交通要塞。清代乾隆年间，马巷设厅，管辖范围涵盖金门等地。自古以来，马巷名人辈出，清代江南提督林君升，闽浙水师提督李长庚，爱国商人洪晓春、黄廷元，享誉海内外的妇科专家林巧稚，中国科学院院士蔡启瑞，中国象棋特级大师郑一泓等一大批优秀人才涌现于此。

徜徉在熙熙攘攘的马巷老街，你可以亲身解读其悠久的历史，感受其深厚的文化积淀，品尝其可口的风味小吃。这里有远近闻名的城隍庙、元威殿、舫山书院、八卦楼，有令人垂涎三尺的名点小吃马蹄酥、封肉、炸枣……真是美不堪言。

如今，千年古镇重铸辉煌，再度成为闽南地区交通枢纽，沈海高速、福厦高铁、324国道、翔安大道等交通干道汇聚于此，文化、教育、医疗卫生设施齐全，一派蒸蒸日上、欣欣向荣的景象。

上世纪80年代末的马巷老街车水马龙

台胞到马巷寻源（照片由元威殿提供）

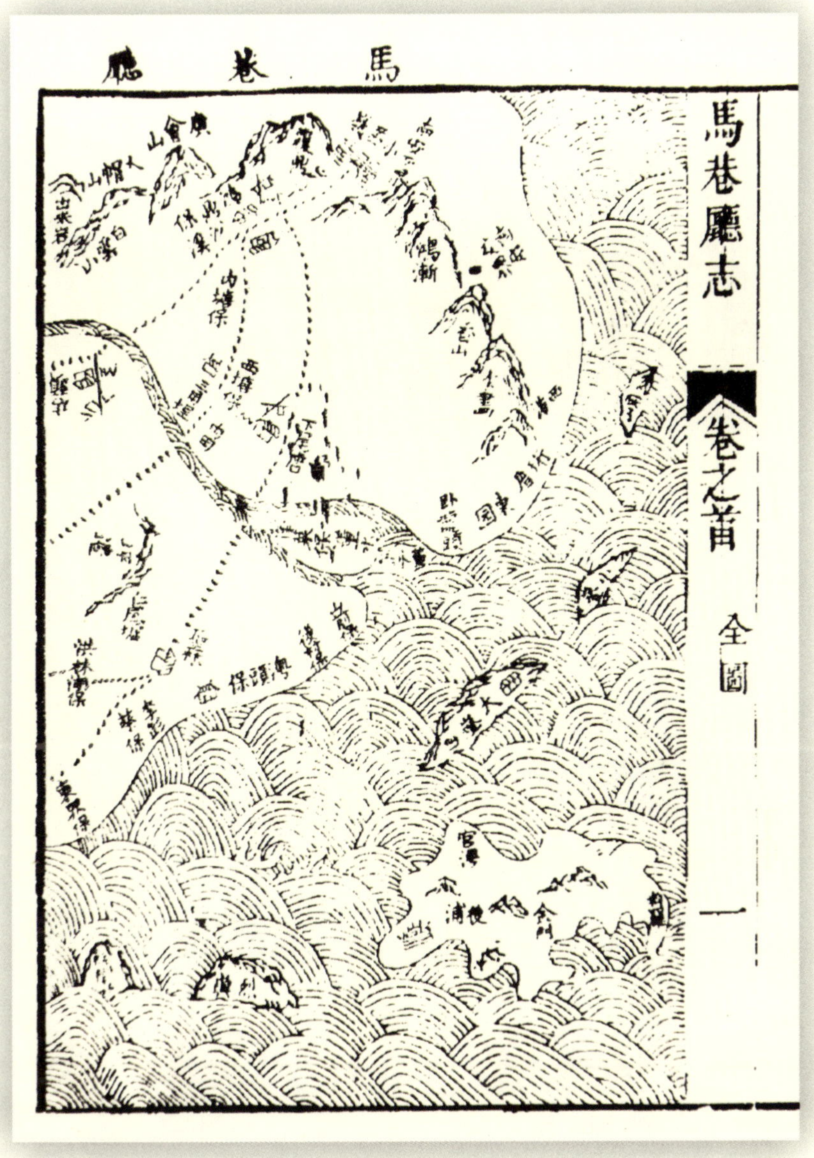

古马巷厅全图之一

建设中的生活小区

宜居的生活环境

完善的交通网络

[舫山胜迹] 城隍庙

马巷设厅于清乾隆三十九年（1774年）7月，城隍庙始建于次年，嘉庆十二年（1807年）由孔沟迁建于卧龙边。曾作为学校、驻军等场所，历经数百年风雨沧桑，如今，修葺过的庙宇焕然一新，香火旺盛，现为厦门市涉台文物保护单位。

马巷城隍庙

晋山遗址

布局完整的古民居

发掘现场

出土陶器

位于翔安区琼头村与后郭村交界的曾山古民居遗址，历经半年的发掘，其蒙盖了千年的神秘面纱终于被揭开。发掘出土的3000余平方米古民居遗址，完整再现当年发达的农、渔业和村居布局，出土了一大批具有研究价值的陶器、瓷器，是厦门目前发现的规模最大的宋代古民居遗址。2009年，该遗址作为当年福建省唯一的考古项目，入选全国十大考古新发现初评的60个候选项目，在首轮公众投票中获得第七名。

古水井

[袅袅 炊烟]

置身新圩古宅后山之巅，遥望翔安，顿觉其幅员辽阔，是喧嚣都市中不可多得的一块净土。放眼望去，满眼郁郁葱葱，青山一尘不染，大地生机盎然，田野阡陌纵横，古厝新房错落有致，炊烟袅袅升起，百姓安居乐业，蔚为壮观。此情此景，让人禁不住感叹，壮哉！翔安。

鸟瞰新圩古宅

壮哉翔安

翔安印象

15

古道通幽

"古宅十八弯"是早年通往泉州、福州等地的交通要道,因其有十八个险峻弯道而得名,相传每个弯道均有一株苍劲古松,现已完成其历史使命,成为文物保护单位和著名景点。

当我们再次踏上这条宽一米有余,长近千米的十八弯古道,循着先人足迹,感受十八个险弯给前辈创业带来的艰辛,回首瞭望翔安快速发展的交通网络,我们深切感受到,虽然它的功能已不复存在,但它留下不可抹去的记忆,意义非凡。

十八棵古松中仅存的一棵

古道险弯

古道下的小村庄

古寨遗风

虎头寨，位于大嶝岛东南面，与小嶝岛隔海相望，因形似虎头浮于海面而得其名。古寨筑于明朝，原有南北二寨，是大嶝人民抗击倭寇的历史见证。岁月沧桑，因年代久远，南寨"跨鳌"已经消失，北寨"虎头"也因水土流失而雄姿不再，但翔安人那种坚韧不拔、不屈不挠的精神世代永存。寨前建有纪念抗倭英雄的小庙。

寨前小庙

水土流失

古寨现状

国泰民安

早时,内厝沙溪附近风大成灾,当地人饱受其害,称"沙溪七里口,无风沙自跑"。为使这一带民众免受风沙之苦,朱熹在小盈岭上建"同民安"石坊,意为"以坊补缺,安定斯民"。相传,此处后来成为郑成功大败清军的战场。清乾隆时,石坊坍塌,后改建为南(安)同(安)界隘,立有"改坊为关"石碑一块。

朱熹手迹

同民安关隘

文物保护单位石碑

改坊为关碑

两岸一家

自古以来,翔安与金门本为一家,《马巷厅志》记载,"清乾隆三十九年(公元1774年)设马巷厅,大、小嶝,金门属之",民国四年(1915年)始置金门县。抗战时期,金门县政府迁至大嶝田墘村,借用民房十余处,供政府办公用。

金门县政府总部旧址

金门县政府会议室旧址

金门县国民党党部宿舍旧址

抗战时期金门县政府旧址被列为第三次全国文物普查重大新发现，现被福建省人民政府公布为第七批省级文物保护单位。抗战期间，在这些典型的闽南古建筑中，翔金人民携手抗日，留下一段段动人佳话。现该建筑群已由专业文物维修单位进行修复性维修，不久的将来，这些经过炮火洗礼的建筑物，必将成为展示两岸同根同源的重要窗口。

金门县国民党党部旧址

金门县政府文书房旧址

金门县政府保安队旧址

金门县政府宿舍旧址

金门县政府大嶝盐兵楼旧址

金门县国民党党部书记处旧址

翔金咫尺

"英雄三岛"（大嶝、小嶝、角屿）因"八二三"炮战而闻名于世。翔安——金门，近在咫尺，最近处相距仅1800米。当年炮火纷飞的厦金海域，如今是两岸三通的"桥头堡"；昔日双方的试炮石——白哈礁，现已成为大陆距金门最近的观光点。

角屿

白哈礁

翔安印象

壮哉翔安

金门反登陆桩

战时金门的反登陆桩，阻隔了两岸同胞数十年，如今变成当地一道颇为亮丽的风景。站在白哈礁上，你甚至可向近在眼前的金门同胞问声："你好！"

小嶝岛眺望金门

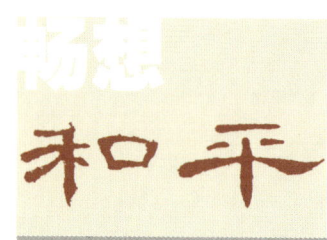

大嶝战地观光园

 翔安

翔安沿海战地工事

大嶝战地观光园对金广播

翔安和金门沿海保留了不少战争年代的遗物，这些废弃的战争工事见证了当年硝烟弥漫的对峙，也见证着如今两岸人民的密切交往。被人遗忘的碉堡、战壕，一经改造，成了战地观光景点。

金门沿海军事防区

金门

金门海滩暗碉

金门战地观光景点

海底通途

中国第一条海底隧道——翔安隧道，在建设者夜以继日的苦战下、从翔安70余米的海底一贯而通，天堑变通途，可谓气势如虹，为中国隧道史添上了亮丽的一笔。

六年的奋战，成就了一条六公里的捷径，它将原来一个多小时的车程缩短为六分钟。这一切，让翔安人民为之振奋。

翔安人民，永不言弃。

施工中的翔安隧道

翔安隧道设计效果图

翔安印象

壮哉翔安

建成的翔安隧道

秀美翔安

- 春分
- 夏至
- 立秋
- 冬至
- 灵山
- 秀水
- 奇松
- 怪石
- 海之风韵
- 渔村小景
- 珍稀物种
- 翔安三宝
- 山里人家
- 盐田无际

春分

丰富的植被、细嫩的新芽、诱人的粉绿……不知名的小花、小草随处可见，春雨浸润过后，显得特别娇嫩，它们勾画出绿意盎然的春色，翔安大地处处充满生机。

春塘水暖鸭先知

火红的凤凰花,铺天盖地散落在翔安各个角落,含苞的花蕊竞相绽放,犹如翔安人的激情似火、豪情满怀,也如同其建设家乡的热情。

夏至

炎夏的沙滩依然丝丝凉意

立秋

金黄色的秋天，天高气爽，和风习习，在其他地方落叶凋零的季节里，翔安依旧水草丰美，丰收在望，喜悦荡漾在秋风里。

秋塘里孕育着新的生命

秀美翔安

冬至

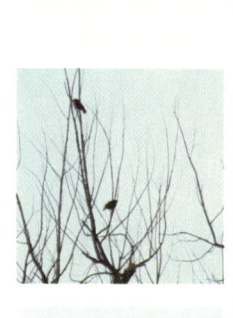

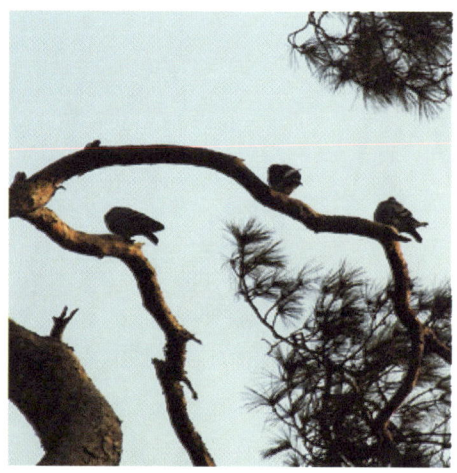

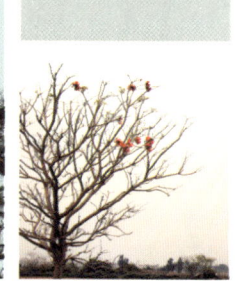

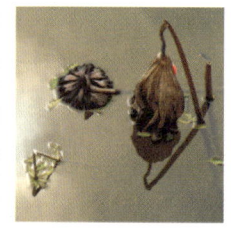

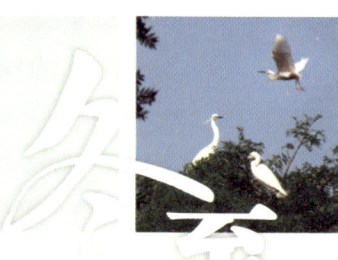

没有洁白的飞雪，没有晶莹剔透的雾凇，这里良好的生态环境却是千里迢迢迁徙而来各种鸟类的天堂，还是英雄花盛开的地方。

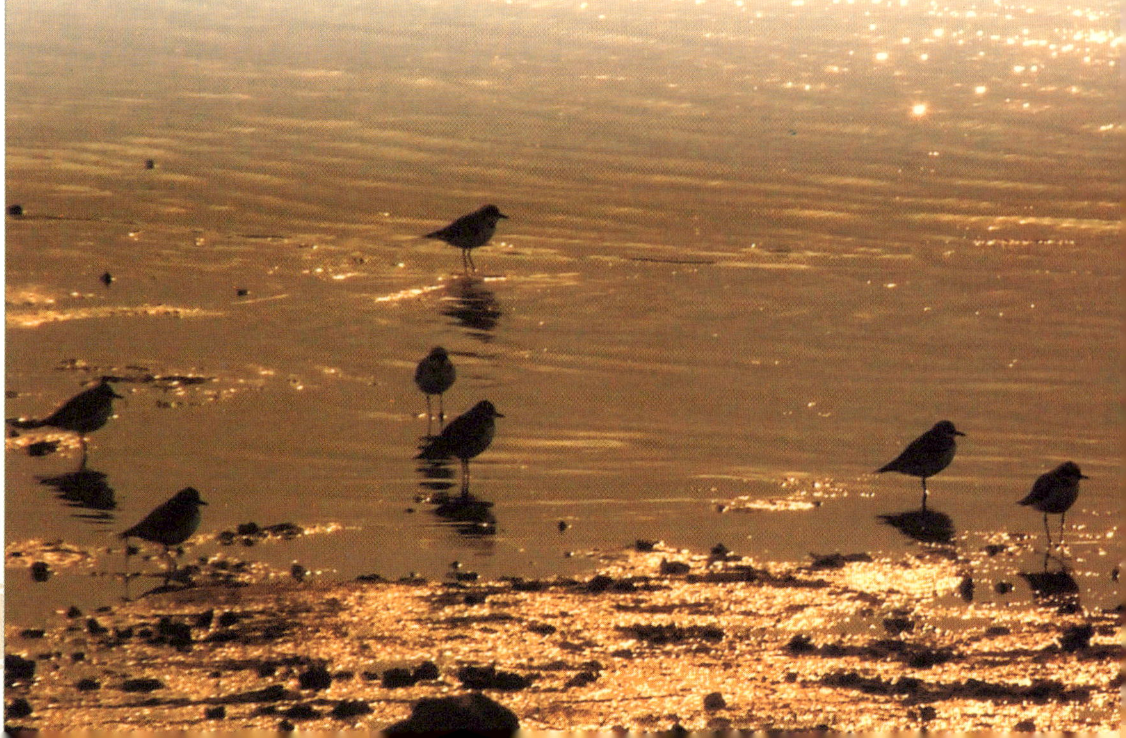

初冬时分胡萝卜丰收在望

秀美翔安

灵山
LING SHAN

香山、大帽山、鸿渐山、妙高山，翔安的山虽小巧，却因有香山古寺、三角梅园、甘露寺、准提寺、千人洞等丰富的自然资源和深厚的文化积淀而显得生机盎然、独具灵性。

香山远眺

香山

大帽山三角梅园

甘露寺

绵延75公里的海岸线，蕴育有文昌鱼、中华白海豚、中国鲎、白鹭、红树林等丰富的海洋珍稀物种，勾勒出翔安秀丽的风景线，造就了独具魅力的海洋文化。

秀水 XIU SHUI

翔安印象

秀美翔安

澳头小港

小嶝沙滩

白鹭觅食

迷人的翔安海湾

奇松 QI SONG

香山景区内，吕塘村东有一片郁郁葱葱、形态各异、饱经岁月沧桑的古松林，260多株古松柏历经600多个春秋，依然像卫兵笔直耸立，默默庇佑古村落祥和安康。

吕塘古松林

香山,名气虽不如黄山、泰山,但其漫山遍野的怪石,造型可谓千姿百态,堪称鬼斧神工,有的似石猴、有的似石狮,于是它们都有了自己的名字,加之动人的传说,令人浮想翩跹。

怪石

翔安印象　秀美翔安

猴石

狮球石

香山小景

鳄鱼屿晚景

马巷琼头海湾夜景

沃头海景

翔安有着漫长的海岸线和丰富的海洋资源，自古以来渔业发达，近海捕鱼的小舟、远洋作业的船队，穿梭于厦金海峡，远赴琉球等地讨海维生；翔安人临水而居，渔民因祈求平安与收获而形成的各种信仰习俗，构成翔安不可多得的海洋文化资源。

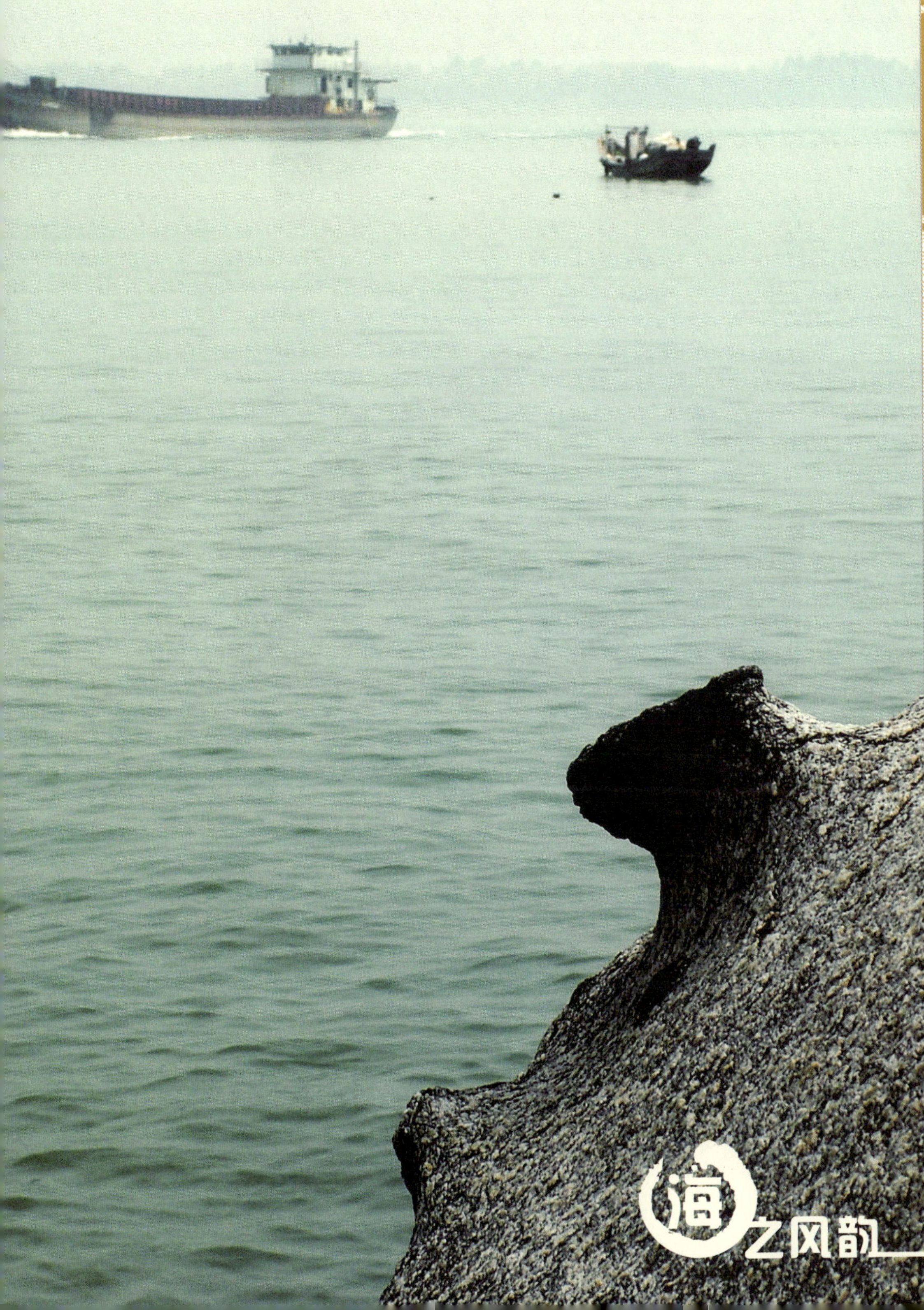

海之风韵

渔村 小景

　　翔安的渔村，悠闲且别致，没有城市的喧嚣和嘈杂。空气里弥漫着海边特有的鲜腥味，格外清新。小渔船满载着渔民的希望，在小港中进进出出；讨小海的渔民随着潮汐辛勤劳作；小孩子在海边挑选自己中意的贝壳，无忧无虑，令人羡慕；白鹭时而栖息，时而飞翔，甚是悠闲。这一切都显得特别恬静、和谐。

翔安印象

秀美翔安

49

[珍稀 物种]

中华白海豚（网络照片）

中华白海豚、文昌鱼是翔安海域的珍稀物种。中华白海豚是国家一级保护水生动物，三四十年前，翔安沿海随处可见它们在水中嬉戏，时常追逐在渔船前后。如今，时过境迁，由于受到水质污染及各种外部条件的影响，翔安海域特有栖息环境受到破坏，白海豚日渐稀少，难得一见。现在翔安沿海已设立中华白海豚自然保护区。

稀种珍物

文昌鱼

中国鲎

相传，刘五店海面上有为非作歹的鳄鱼精，为朱熹所伤，逃回海里后身亡，骨骸化为鳄鱼屿，血肉腐化后变成文昌鱼（国家一级保护动物）。

秀美翔安

翔安印象

鸟瞰鳄鱼屿

珍稀 物种

大嶝沙滩上的中国鲎

翔安印象

秀美翔安

红树林

被誉为"天然海岸卫士"的红树林与被誉为"地球之肾"的湿地，是野生动物的栖息地，但在世界各地遭到不同程度的破坏，而我们所看到的这片红树林正在翔安广袤的湿地上郁郁葱葱地生长着、繁衍着，为许多珍稀、濒危物种提供良好的生存环境。

马巷琼头红树林

翔安三宝

紫菜收获的季节

成片的海蛎养殖场

采摘龙眼

秀美翔安

地处亚热带的翔安大地，气候宜人，物产丰富，有"三宝、九品、百味"等特产，其中大嶝的七耳海蛎、小嶝的无污染紫菜和品种繁多的龙眼被誉为"翔安三宝"。每到收获的季节，学生们利用假期或闲暇时间，帮着父母采摘龙眼或收割紫菜，自然成了家长最得力的助手。

采收海蛎

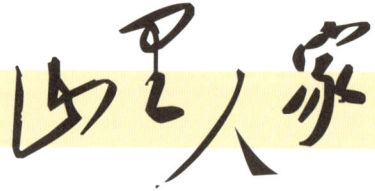

山里人家

大帽山小景

翔安印象

秀美翔安

走进翔安的里山,虽没有"一览众山小"的磅礴气势,却有民风淳朴的小山村,你尽可以在其间放松身心,亲近自然,感受别有韵味的闽南风情。鹅卵石垒砌的红砖农居,在一片翠绿中显得尤为别致,犹如洒落在山间的颗颗明珠,温润如玉,格外珍贵。

大山里的丰收

大凼盐田

一方方平整如镜的田地，平铺在一望无际的天地间，格外壮观。勤劳的大嶝人，收获的不是稻谷，而是一堆堆洁白如雪的日晒盐，他们利用古老的制盐工艺，守护先人留下的文化遗产。这是目前厦门市唯一的日晒盐场。

引水入盐田

香山文化丛书

印象

古韵 翔安
GU YUN

古韵翔安

- 古窑遗址
- 民居遗址
- 山寨遗址
- 古学堂
- 古塔
- 古石刻
- 古石碑
- 古石雕
- 古道
- 古旗杆
- 古牌坊
- 古桥
- 古树名木
- 古街坊
- 老洋楼
- 出土文物
- 岁月如歌
- 古民居

古窑遗址

GU YAO YI ZHI

翔安境内，古窑址众多，只因历经数百年风雨，大多成为遗址，风光不再。在黄厝、东烧尾、坪边等地发现不少唐宋古窑址。陶器残片显露于地表上，足以看出当时成熟的陶器烧制技术，也足以见证翔安自古以来的繁荣和深厚的文化底蕴。

遗址现场陶片

东烧尾古窑址

古窑址出土的陶片

坪边古窑址

遗址现场残留的地基

新店潘林水库旁有潘氏古民居遗址，依香山，临水库，风景秀丽。相传，香山附近野兽出没频繁，伤及人畜，故潘氏先人迁至马巷林柄和内厝沙溪居住。现存的房屋地基清晰可见，但主体已在数百年的风雨洗礼中残缺不全。

潘林水库

民居遗址

下店宋代居住遗址

遗址出土陶片

山寨 遗址

山寨多被茂密的灌木丛包围,为了接近红架寨,我们经过两个多小时的披荆斩棘,才到达寨墙脚。整出这一小块不足五平方米的墙体,竟费了我们一个小时的时间。

大帽山红架寨寨墙遗址

现已查明,翔安的大山深处有废弃古山寨遗址五处,多为方形,寨墙最长的有近千米,墙高一米至三米不等,均用乱石堆砌。红架寨、猪槽寨、金牌寨、乌营寨、麒麟寨等山寨多为土匪寨,但民族危难时刻均一致对外,在明朝抗寇中起到重要的作用。

新圩桂林金牌寨寨墙遗址

新店东烧尾麒麟寨寨墙遗址

大帽山猪槽寨寨墙遗址

内厝乌营寨寨墙遗址

香山文化丛书

印象

古学堂

觉民小学老照片

马巷启智学校老照片

马巷城场陈嘉庚办学处

舫山书院旧址

　　舫山书院、启智学校、觉民小学、窗东学校、九牧学校等早期建造的旧学堂见证了翔安文风兴盛，重视教育的优良传统，也见证了翔安乡贤自发建造书院、学校，海外华侨慷慨解囊、捐资兴学的艰辛历程。莘莘学子们踌躇满志地从这里走向新的起点，服务社会，造福桑梓。

古塔

每座塔都有一个动人的传说，翔安的古塔也不例外，姑井砖塔、董水佛塔、东界石塔、蔡厝文笔塔……或能镇邪，或能引航，尽管功能各不相同，但都是翔安宝贵的文化遗产。

翔安印象

古韵翔安

古石刻

新店大宅石刻

新圩金柄布衣古道石刻

朱熹手迹石刻

人杰地灵的翔安，让多少文人墨客为之动容，他们以石刻的方式抒发感喟的情怀。朱熹的小盈岭"同民安"关隘，苏廷玉的"鳌石""超旷"，新圩金柄的"布衣古道"等摩崖石刻都是不可多得的文化瑰宝。

新店沃头石刻

苏廷玉手迹石刻

一块其貌不扬，二尺见方、厚约三寸的花岗岩石刻，沉睡于地下数百年，几年前，在马巷镇沈井社区翻修祖祠时被人发现。石碑重见天日，郑重地向后人讲述着明朝翔安人的抗寇壮举，见证了近海人民奉旨迁界的辛酸史。

马巷沈井奉旨迁界碑

翔安印象

古韵翔安

香山古石碑

西林太监碑

莲河古石碑群

朱熹手迹石碑

古石碑

散落于翔安各地的这些石碑并不起眼，但它们记录了翔安文明的发展进程，或个人传记，或历史事件，每一块古石碑的发现，都能把翔安历史的考证工作往前推进一大步。

香山古石碑群

沃头石狮巷

沃头石狮巷立着两尊近一米高的石狮。相传,石狮原本并非立于此地,只因村里一壮汉被邻村富人看扁,遂与之打赌,若能徒手搬走,石狮便归于他,壮汉双手各擎一狮,搬回村里,石狮便长置于此,如今成为沃头一景。

古石雕

蔡复一陵园石雕

内厝蔡复一陵园石雕

马巷窗东石雕佛像

新店珩厝村口石雕

沉睡于沙滩上的古石雕

这些历经沧桑，或雕工精细，或造型古朴的石雕，都就地取材，利用闽南的花岗岩为材料，融入闽南民俗文化元素，分散于翔安田间村口，成为民间信仰的组成部分。

翔安印象　古韵翔安

香山古道、漳泉古驿道、古宅宋代古道已完成它们的历史使命，但前人坚韧不拔、自强不息的精神，犹如道旁屹立不倒的白杨树，激励着我们奋发向前，走得更远、飞得更高！

沈井漳泉古驿道

十八弯古道

布衣古道

香山古道

古旗杆

以前，
精美的石旗杆，
是功成名就的象征。
如今，
在翔安的祖祠前，民居旁，
一对对让族人引以为荣的石旗杆，
成为珍贵的文化遗产和亮丽的风景。

马巷窗东宗祠古旗杆

古牌坊

每一座牌坊,均有一段酸甜苦辣的故事,传颂一番忠孝仁义的佳话,从"钦赐祭奠"、"望洋阡"到"天旌节孝",这些牌坊都向人们叙说着主人的辉煌或艰辛。

蔡复一陵园牌坊

董水望洋阡牌坊

上施贞节坊

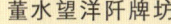
林君升墓园牌坊

古韵翔安

古桥

灵巧秀气的翔安古桥，多为长石板整条铺就，或以石条堆砌而成，构造较为简单，但都建在交通要塞上，作用重大。它们虽然没有赵州桥、卢沟桥的名气，却都有独特的意义、具有一段动人的传说。

屡建屡倒的"倒桥"

水库中的"张埭桥"

马巷古渡口的"翁墓桥"

厚达一尺的沈井古驿道"北斗溪石板桥"

古树名木

城场古榕树　　　　　　　小嶝"八闽铁树王"

在翔安，当你亲手触摸到有数百年甚至上千年树龄的名木古树时，可能会有万千感慨，但对翔安人而言，这不足为奇，因为这里有唐朝古樟树、"八闽铁树王"，还有需六七个成年人方能团抱的古榕树。它们历经风雨，依然生机勃勃。

小嶝独木成林的榕树　　　新圩金柄唐代古樟树王

古街坊

相传，早年同安县衙将设立于马巷万家村，当地村民相继按商铺功能建造居所，后因故未能设立县衙，大规模建设中辍。建筑虽已破旧，但依稀可看出当年街坊格局的雏形。

古韵翔安

翔安印象

外来风格与红砖建筑完美结合

老洋楼

香山亭洋楼

翔安印象

古韵翔安

新店沃头"我素庐"

马巷亭洋洋楼

翔安是有名的侨乡，早期无数乡贤背井离乡，在海外艰辛创业，功成名就后不忘家乡父老，回乡置业，将海外建筑艺术与闽南建筑风格融为一体，建造了一批构造精美、个性鲜明、和谐完美的民居。

马巷山亭洋楼

出土文物

画像砖

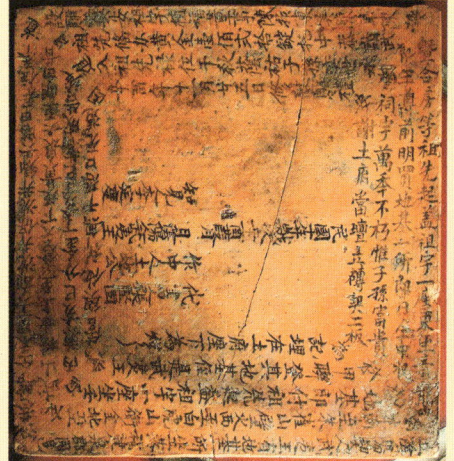

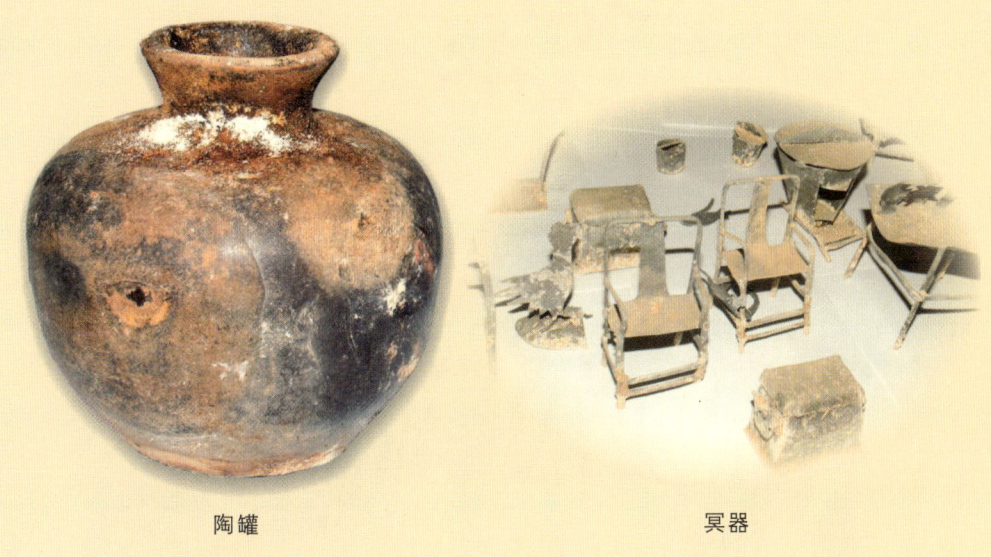

陶罐　　　　　　　　　　　冥器

翔安建设过程中出土了一大批文物，品种多样，涉及生活用品、古钱币、人物传记等，多为明清时期墓葬的陪葬品。虽没有价值连城的文物，但对翔安、厦门及至闽南地区的历史考证具有较高的研究价值。

明代墓志铭

岁月如歌

《小城春秋》作者高云览全家照（摄于马巷黎明女校，照片由高云览之女高迅莹提供）

厦门破狱斗争秘密联络点(松山小学旧址，现为彭德清纪念馆)

厦门破狱斗争秘密联络点(彭厝合安堂)

中共老区同安县委办公旧址(马巷山亭祖祠)

后山岩烈士公墓

中共同安县委书记陈先查烈士墓

山后亭农民协会代表合影

同其他革命老区一样，解放前，翔安活跃着一大批为革命事业抛头颅、洒热血的英雄，有冲锋陷阵的战士，有负责后勤补给的农民，有提供精神食粮的文人，均为祖国的前途命运呕心沥血，留下一段段可歌可泣的历史佳话。高云览在马巷完成《前夜》（《小城春秋》的前身）；合安堂主人彭幼潜冒险将药铺作为劫狱联络点；因秘密活动而被捕的陈先查烈士……

古民居

翔安印象

古韵翔安

高翘的燕尾脊、
齐整的红瓦片、
雅致的阁脚楼、
灵巧的后尾门、
精美的水车堵，
还有远处优美的田园风光，
构成一幕幕如诗如画、
恬美怡静的乡村生活，
让人悠然自得、心旷神怡。
在翔安，
此般美景数不胜数，
吕塘、亭洋、曾厝、乌山等古村落，
让你流连忘返。

吕塘古厝群

脊头

香山文化丛书

印象

曾厝古厝群

古韵翔安

翔安古建筑屋顶的脊头，按五行而分，各具特色，或飞扬跋扈，或优雅柔畅，其中最具代表性且最具阳刚之美的应属"金型"脊头（俗称翘脊、燕尾脊等）。

脊头

俗话说，"五里不同村，十里不同俗"，翔安地域广阔，古民居的建筑风格虽基本统一，但由于风俗习惯的差异，翔安古建筑类型具有多样性和丰富性，尤其是最能体现闽南建筑特色的脊头，造型不同，精细程度也不一致，直接体现主人的审美情趣、经济实力及当地的风土人情。

翔安印象

古韵翔安

深居小巷中，昂首而视，你定会被翔安古民居特有的"翘脊"所震撼，其造型坚毅，既不失柔美，对称，又不失变化，你不得不被巧夺天工的建筑技艺所折服。

三川脊

屋顶装饰

屋脊上的螭吻、狮子、龙、神像、花鸟鱼虫都是古建筑上的避邪之物，或泥塑造型，或瓷片粘贴，栩栩如生，寓意深刻。因造型、建造技艺和信仰习俗独特，而成为一道风景。

脊坠

祥云、书卷、回形纹样等中国传统吉祥纹饰及闽南信仰习俗与闽南红砖建筑技艺完美融合，构成造型各异的"脊坠"，点缀在脊头之下，显得格外醒目。因其所处位置较高，人为破坏较少，方能让我们透过斑斑水迹，一睹它们的风采。

古韵翔安

水车堵

水车堵上集中了闽南建筑技术的精华，是最能体现闽台红砖建筑风格的地方，遗憾的是，"文革"十年，不少雕工精致的水车堵物件严重损毁。

这是一本已层层剥落的泥塑书，镶嵌在水车堵不太显眼的位置，上面的文字，让我们了解到房屋建造的历史及背景。让人称奇的是，书虽残缺不全，但封面之下的三四层书页上，每页都有文字，仿佛一本真书。

制作精细的水车堵

书画雕塑完美结合

水车堵的泥塑

回纹装饰

古韵翔安

红瓦

　　翔安民居的屋顶有板瓦、筒瓦及板瓦与筒瓦相结合三种形式，使用筒瓦的建筑不多，一般为宫庙或官宦人家。

　　印有各式精美图案的瓦当瑞珠与筒瓦纵横交错，在提高建筑物本身的艺术品位的同时彰显主人的身份与地位。

多数民居采用的板瓦

宫庙采用的筒瓦

较为罕见的板瓦与筒瓦相结合的形式

石门乳

石臼

石鼓

古韵翔安

翔安印象

门前石构件

坚硬的花岗岩和大理石并未难倒我们的能工巧匠，倒是正因为其坚不可摧，反而让这些石雕作品长存于世而几未受损。门前雕刻精细的石鼓、石门乳和石臼，无不体现古人对工艺的考究和对艺术的追求。

107

镜面墙

大门周边及镜面墙是翔安民居的精华所在，它的制作水平和风格定位直接影响民居的整体形象，大部分建筑师和主人均在此下足工夫。砖雕、石雕、木雕、彩绘、泥塑等精品荟萃于此，令人目不暇接而美由心生。

古韵翔安

砖雕

人们总是要表达对美好生活的向往和祝愿，红砖建筑就是一个载体，翔安人利用砖雕、石雕传达自己的审美情趣和思想感情。

镜面墙上有形式多样、题材广泛、做工精致的砖雕，体现了建筑师精湛的雕刻技艺，完美地融合了闽南文化与古建筑艺术，体现主人对人生哲理的感悟及独特的人生观和世界观。

砖雕

石雕

古韵翔安 翔安印象

　　民间传说、经典故事、花鸟鱼虫是镜面墙石雕最常见的题材，在民间艺人的手下，这些形象跃然墙上、惟妙惟肖、栩栩如生。丰满的构图、娴熟的雕工，高度的概括与浓缩、适当的夸张与变形，成为翔安古民居石构建最精美的部分。

它们在建筑的最底层，承载着房屋的整体重量，然而，就连这些不显眼的地方，工匠们都下足工夫。脚踏矼上有花草纹饰，柜台脚上有精美的兽纹，这些做工精细的石构建被统称为"工夫石"。

石雕

脚踏砱

柜台脚

古韵翔安 翔安印象

凹寿墙装饰

香山文化丛书 翔安印象

凹寿墙，是闽南古民居的一大特色，翔安也不例外。它是一幢房子的门面，紧临大门，此处能遮挡风雨，更是为主人挣足面子的地方。它的制作水平与档次暗示着主人的身份与地位，翔安人因此在其上使用各种材质和制作手法，砖雕、石雕、泥塑等各种艺术形式琳琅满目。

彩陶装饰工艺

出污泥而不染的芙蓉、憨态可掬的游鱼、沁人心脾的香果，配以挑灯夜读的烛台、香飘千里的茗茶、笔锋丰满的毛笔，如此清新淡雅、雅俗共赏的浮雕出现在"沁香小筑"（洪晓春书房）的入口处，犹如主人的缩影，与其志向与品德如出一辙。

泥塑装饰工艺

石雕装饰工艺

凹寿墙装饰

在没有现代机械的年代，仅凭简陋的工具和人工敲打凿磨，制造出这么美轮美奂的线雕、浮雕、圆雕等形式多样的石雕艺术作品，不禁让人叹为观止。

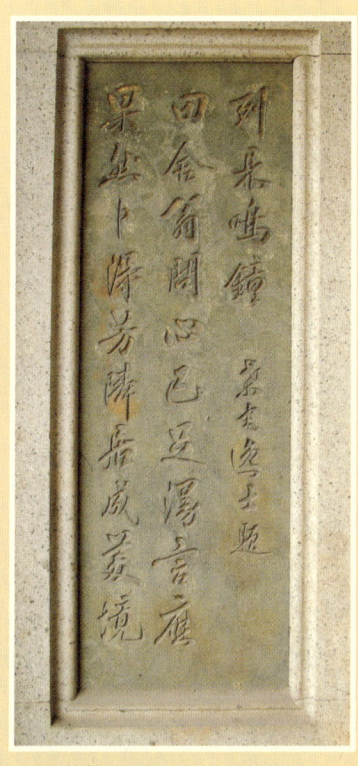

石雕装饰工艺

经历风雨而受损的部位，修复之后虽然不那么完美，但我们仍可感受到主人的用心和对美的追求。

砖雕装饰工艺

翔安民居，因建筑风格和功能定位不同而出现造型各异的窗，有石柱窗、有砖砌窗、有花砖窗……与其建筑风格天衣无缝地融合在一起。

窗

翔安印象 古韵翔安

  闽南建筑的窗，或雕工精细，富丽堂皇；或因陋就简，朴素简单；或立体堆砌，造型精巧；或中外合璧，形式多样。这些窗，虽出现在不同风格的建筑物中，但总能与主体相互协调，浑然一体。

花窗集实用性与观赏性于一体，往往用于隔断或装饰，既可通风采光，又因装饰精美而彰显魅力。可用红砖垒砌，也可用筒瓦拼花，还可用特制花砖，形式多样，装饰感强。

花窗

砖叠花格窗

香山文化丛书

翔安印象

木构件

木构件主要用于支撑屋顶，起连接和紧固作用，配上精致的雕刻，似乎给予它们新的生命力，不因其承载重量而显得过于呆板，反倒成为展示翔安建筑木雕工艺的主要载体。

木雕

古建筑木雕的自然古朴与新建筑木构件的金碧辉煌都在诉说着翔安建筑文化的悠久历史，精致与简约并存，小巧与大气同在，既是传承，又是发展。

此类龙柱气宇轩昂、气势磅礴，象征着权力与地位，一般见于寺庙、宗祠等公众建筑物之上。

柱子是闽南民居得以屹立数百年而不倒的主要支撑物，柱础的作用更是不容小视，它集艺术性和实用性于一身。不同的材质，不同的雕刻手法，集中展示了闽南石雕的各种雕刻技艺。其艺术性处理，既强化了承重作用，又增强了艺术魅力。

石柱础

洪晓春书房墙上的题字

墙体上的描金壁画

木板贴金、粉底彩绘等形式多样、题材生动的壁画也是构成翔安民居主要特色的重要组成部分。不少文化瑰宝在"文革"十年间遭到毁坏，令人痛惜，房主们想尽一切办法，极为挽救。在新店霞浯的民居中，当年为保护这些遗珍，主人贴上的旧报纸，至今依稀可见。

彩绘壁画

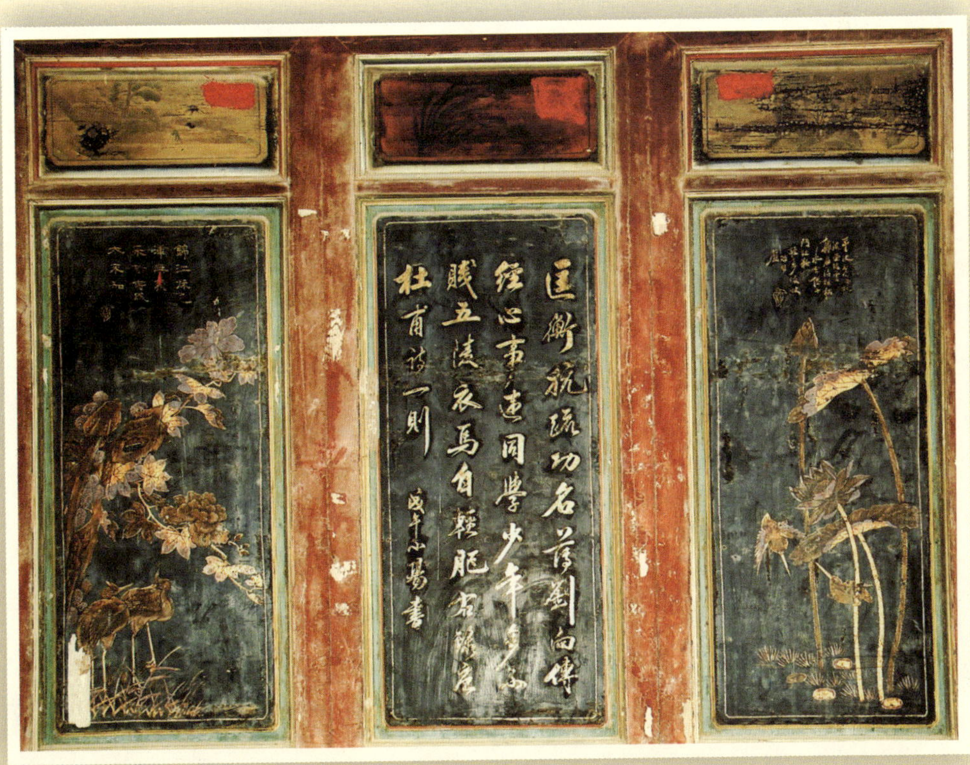

隔墙上的壁画

墙体

　　红砖、红瓦、燕尾脊，是翔安民居典型的构造元素，各种材质有机结合，有气势磅礴、富有张力的屋脊弧线，也有引人入胜的局部装饰，还有因陋就简、就地取材的温馨小居。不同风格、不同规模的翔安民居都蕴藏着深厚的文化内涵。

新圩金柄的出砖入石墙体

墙体

不同地域、不同材料，加上不凡的创造性思维，堆砌出翔安人民非凡的智慧。靠山出砖入石堆砌法、临海蚵石堆砌法及各种砖瓦石混编砌法，淋漓尽致地体现了翔安民居的墙体及整体建筑风格上求同存异的特性。

在翔安，任何一堵古民居的墙，都能看到深厚的文化积淀，触摸到先人的智慧结晶，它们历经数百年，仍焕发勃勃生机。

翔安印象

古韵翔安

亭洋古民居的条石墙体

文化 翔安
WEN HUA

文化翔安

- 香山庙会
- 高甲戏
- 看戏
- 小喜婆
- 拍胸舞
- 南音
- 宋江阵
- 车鼓弄
- 布袋戏
- 闽南童谣
- 龙狮欢腾
- 民俗活动
- 池王爷
- 风狮爷
- 灯篙王船
- 洪厝拾鳌
- 扎花工艺
- 漆线雕
- 农民画
- 中国文兴瓷
- 玄雕陶艺
- 斑斓彩
- 贡香产业

香山 庙会

　　香山庙会，延续至今已有数百年。香山岩寺供奉清水祖师，农历正月初六为其诞辰日。以前，因交通不便，每年此时，虔诚的人们为祭拜清水祖师，徒步从四面八方来到山上，走累了，便在此欣赏香山美景或休息半天再下山。上山的人多了，自然就有各种民俗活动聚焦于此，海蛎煎、蚵仔面线、捏泥人、糖画、宋江阵、车鼓弄等风味小吃、手工制作和民俗表演一应俱全，久而久之，就形成了独具翔安特色的香山庙会。现香山庙会已列入市级非物质文化遗产项目，近年来，文化内涵不断得以延伸，每年在正月里，均有数万来自翔安境内及海内外的游客参加庙会。

香山庙会（庙会照片由张天骄提供）

庙会民俗活动

庙会文艺表演

高甲戏

 由"宋江阵（戏）"和"合兴戏"相互吸收融合而成的高甲戏，已成为第一批国家级非物质文化遗产项目。在翔安，不仅有数十家本土戏班传承与发展高甲戏，吕塘戏校更将其作为文化交流特色项目，推广至海峡对岸和东南亚等地，并屡获国家级、省级和市级戏曲类奖项。

翔安印象

文化翔安

看戏

　　傍晚时分，在柔和的灯光下，在乡间的土戏台前，孩子们依偎在大人怀中，和爷爷奶奶一起专注地聆听台上熟悉的乡音和委婉的唱腔，观赏生、旦、丑精彩绝伦的表演。

喜婆，是闽南戏剧中的经典角色，作为非物质文化遗产，近年来，得到较好的传承和发展。从孩子们这一张张露出可爱笑容稚嫩的脸及他们成熟的表演技巧，可以看到他们对民俗文化精髓的理解与传承，可以看到民间文化艺术的未来和希望。

翔安印象

文化翔安

小喜婆

拍胸舞

拍胸舞素有"闽南迪斯科"之称,粗犷的人物造型、纯朴的表演形式、豪放的艺术风格,构成拍胸舞与众不同的艺术魅力。已是省级非物质文化遗产代表作的拍胸舞,在舞台上、广场上频频露脸,向人们展示这古老的艺术形态的新风姿。

翔安印象

文化翔安

南音

文化翔安

南音，有"音乐活化石"之称，翔安仍有一大批爱好者为之倾情。一茬茬后继人才的出现，使得翔安南音在闽南地区乃至东南亚颇具影响力，在厦门市历届南音唱腔比赛中屡获佳绩。如今，南音成为翔安与东南亚交流的重要纽带及对台对金交流的名片。

宋江阵

宋江阵以梁山一百零八位好汉为原型,原是用来抵抗倭寇的武术阵头,历经数百年艺术锤炼,融入"蝴蝶阵"、"田螺阵"等阵头和脸谱、锣钹鼓点等民间艺术元素,逐渐成为节日庆典必不可少的表演形式和非物质文化遗产以及对台文化交流项目。

文化翔安

车鼓弄

　　艺术来源于生活，又高于生活，这在非物质文化遗产项目、翔安原创的艺术形式——车鼓弄身上体现得淋漓尽致。相传，翔安新圩一对豆腐坊夫妇，在夜里磨豆腐时，为了解闷而创作出车鼓弄这一艺术形式，后逐渐广为传唱且转到室外表演，以竹篮为道具替代石磨，经过长期的总结、改编，形成独特的表演风格。

布袋戏

布袋戏因形似"用布料所做的袋子"而得名。布袋戏全凭双手操纵，戏偶仅有三四十厘米高，造型生动，表情丰富，戏台小巧，装拆灵便，流动性强，因而倍受欢迎。目前，翔安仍有十余个布袋戏剧团，它们利用农闲等空余时间，在各大节日及民俗活动中为戏迷们献上精彩演出。

马巷中心小学的校本课程

闽南童谣

近年来,传统文化闽南童谣在翔安的中小学课堂内外得到传唱,以舞台表演的形式令人耳目一新。马巷中心小学闽南童谣基地的建立及翔安闽南童谣协会的成立,必将使这一非物质文化遗产得到进一步的传承与发展。

翔安印象 | 文化翔安

龙狮欢腾

长期以来,新店下许、内厝许厝、新圩金柄等翔安民俗文化精品村都有舞龙、舞狮的传统。近年来,新店下许的舞狮队更是努力更新道具、提高表演水平,成为新店镇民俗文化品牌,因而大受欢迎,在重大节日和场合中,都是不可或缺的演出团队。

新店下许的舞狮队

舞龙

文化翔安 · 翔安印象

民俗 活动

舞龙、舞狮、布袋戏、大鼓凉伞、腰鼓、跑旱船、攻炮城等民间传统民俗活动项目在翔安的街头巷尾、文化活动中屡见不鲜,各具特色的表演令人应接不暇。

大鼓凉伞

腰鼓

文化翔安

攻炮城

跑旱船

池王爷 信仰习俗

池然舍身服瘟药救民的动人传说流传了数百年，成为民间信仰。海内外供奉"池王爷"的宫庙甚多，仅台湾就有数百家，经考证，其祖庙均为马巷元威殿。元威殿香火兴旺，每年接待海内外善男信女不计其数，其信仰习俗已被列为市级非物质文化遗产项目代表作名录。

马巷元威殿外景

池王爷塑像

祭拜活动

台湾同胞马巷寻源牌匾

1988年台湾同胞来马巷迎请池王爷金身
（照片由元威殿管委会提供）

风狮爷

大嶝风狮爷信仰

翔安印象 文化翔安

　　风狮爷，在翔安和金门最为常见，翔金地界，房前屋后、海边山间，常立有石雕、泥塑或彩绘的风狮爷。风狮爷能镇风祛邪、添丁进财，备受人们敬重。翔安、金门两地同风同俗，形成共同的信仰习俗，风狮爷成为维系海峡两岸"五缘"相通的纽带。
　　厦金风狮爷信仰习俗已被列为市级非物质文化遗产代表作名录。

翔安风狮爷

金门风狮爷

灯篙王船

灯篙

送王船"巡社"场面

送王船习俗

相传，为纪念岳王爷（岳飞），新店后村每年农历四月十六举行"贡王"活动，"请王树灯篙，送王造龙舟"，流传数百年的树灯篙、送王船民俗文化在这里得到传承和延续。文化节吸引了周边众多村居善男信女，样板戏、歌仔戏、拍胸舞、布袋戏、送王船"巡社"等各种民俗活动在这里集中展示，可谓翔安民俗活动的大舞台，寄托着人们对抗金将领的敬仰与崇拜之情。

洪厝掉鳌

每逢家里添丁，洪厝人均会以独特的方式表示庆祝。户主杀猪宰羊，在祖庙中供奉一座由鸡鸭鱼肉垒成的"鳌"，举行祭祀典礼，或请来戏班助阵，以报答神明和先祖对自己的厚爱和恩赐。据说鳌立得越高，人丁会越兴旺，当然，这只是人们的美好愿望。目前，这一民俗形式已成为当地的非物质文化遗产。

扎花工艺

新店洪厝春仔花制作工艺

婆婆花

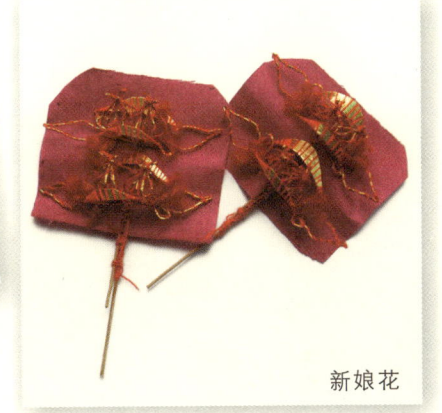
新娘花

春仔花，在翔安可谓家喻户晓，在红白喜事中是必不可少的民俗用品。不同类型的春仔花在不同的场合中扮演着不同的角色。

自古以来，新店洪厝的妇孺在茶余饭后都会扎上几朵春仔花，既可自用，又可外售贴补家用。久而久之，扎花工艺成了洪厝的文化产业，也成了厦门市非物质文化遗产。

春仔花制作材料

婆婆花

漆线雕

起源于翔安马巷的佛像装饰工艺（俗称"装佛"），历经数百年的演绎，已成为独具特色的民间工艺——漆线雕。经数十代人的研发，其制作工艺得到进一步发展，兼具民间传统的题材及风景、人物等具有现代气息的题材，并应用到瓷器、玻璃等载体上。该制作技艺经国务院批准列入第一批国家级非物质文化遗产名录。

漆线雕瓷瓶

漆线雕挂盘

漆线雕与农民画结合形成新的艺术形式

文化翔安

农民画

翔安的农民画历史悠久，早在20世纪80年代，以梁金城为代表的农民画作者以本地民风民俗和生活生产情景为题材，创作了一批构图饱满且和谐、造型纯朴兼生动、色彩艳丽又统一、具有闽南风情的农民画，翔安因而被评为全国首批"现代民间绘画之乡"。

农民画作品《翻腾的海岛》入选全国全军美术展览；《香蕉家禽》入选全国农民画展；《锦上添花》获省农民画展优秀奖；陈珠庭完成18米长卷《翔安春色图》……

翔安的农民画已入选市级非物质文化遗产代表作名录，现逐步开展后备人才的发掘与培养工作。

中国文兴瓷

　　失传数百年的中国古瓷珍品"雪花兰",如今在翔安再现,它就是经过洪伟国数十年潜心钻研而重焕光彩的"文兴瓷"(无光裂釉彩瓷)。丰富的创作题材、精湛的绘画技巧、纯朴的装饰手法,配以自然窑变、高温烧制等独特制造工艺,使文兴瓷一举获得"日内瓦第二十六届国际发明银奖"、摩洛哥"第三届国际发明与革新展公众奥斯卡大奖及发明金奖"、匈牙利国际发明展"天才发明银奖"等殊荣。

玄雕陶艺

翔安印象 / 文化翔安

翔安没有宜兴的紫砂矿产资源，却有不亚于宜兴的陶瓷制作工艺。经过二十年的探索与创新，东铸玄雕陶坊烧制出特有的"玄雕"茶壶等工艺品，其制作工艺得到同行的认可，产品在海内外，尤其是台湾地区和东南亚地区享有较高声誉。

其手雕茶壶最具特色，或山水鱼虫，或人物花鸟，造型生动，惟妙惟肖，近年来受到收藏者的追捧，成为茶壶收藏界的热点。

斑斓彩

近年来，随着翔安区政府加大文化产业的扶持力度，文化产业不断发展、壮大，还培育出不少本地文化产业品牌。

铜艺轩经过不懈努力和反复实验，采用水性和油性颜料相互调和，利用铜的古朴浑厚，使颜料溶液与青铜表面发生化学反应，取得与众不同的炫目斑纹，成功研制出"斑斓彩"铜艺品。成品光泽华丽，宛如阳光穿越层层树叶投下斑斓光影，绚烂而耀眼，故取名为斑斓彩。

贡香产业

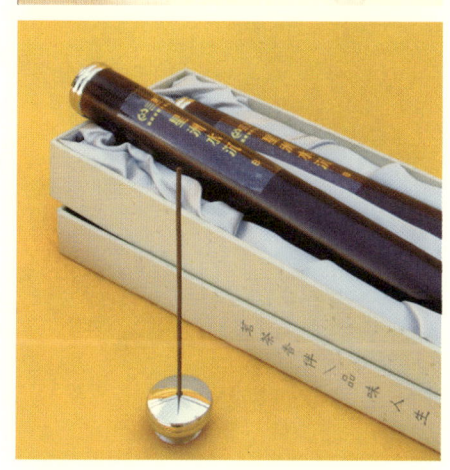

翔安是我国四大制香基地之一，现有制香企业上百家，年产量及销售量均居全国榜首，远销台湾、东南亚、欧美等地。经过数十年的发展，翔安制香业已形成已贡香为主，蜡烛及其他佛教用品为配套的香文化产业，开发出檀香、沉香等高端产品，年产值达10亿元。形成佛星三宝、益尔寿、梅春等著名品牌，在国内外具有相当的影响力。

和谐 翔安
HE XIE

翔安印象

和谐翔安

- 白鹭天堂
- 温馨家园
- 和谐校园
- 书香翔安
- 幽静乡村
- 和谐之音
- 安居乐业
- 祥和之春
- 棋乐无穷
- 全民健身
- 运动快乐
- 我心飞翔
- 春华秋实
- 鹤发丹心
- 大爱无疆
- 唱响翔安
- 和谐翔安

白鹭天堂

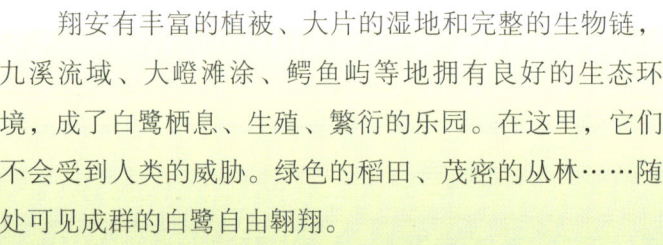

　　翔安有丰富的植被、大片的湿地和完整的生物链，九溪流域、大嶝滩涂、鳄鱼屿等地拥有良好的生态环境，成了白鹭栖息、生殖、繁衍的乐园。在这里，它们不会受到人类的威胁。绿色的稻田、茂密的丛林……随处可见成群的白鹭自由翱翔。

　　翔安，成了白鹭的天堂。

九溪流域白鹭群

翔安印象

和谐翔安

温馨 家园

花香鸟语、四季常青，这些词用于形容翔安一点也不夸张。屋脊上、牛背上、湿地里……随处可见自然与人类和谐共处，这些美丽的生灵在温馨的家园里悠然自得。

和谐翔安 翔安印象

沃头文昌鱼自然保护区

和谐校园

一张张稚嫩的笑脸、一个个活泼的身影,风景优美的校园、融洽友爱的氛围,令人赏心悦目。在紧张的学习工作之余,大课间的体育活动及课外一小时体锻时间等丰富多彩的课外文化体育生活,构成和谐的校园美景。

翔安印象

和谐翔安

书香翔安

高士其说：知识有如人的血液一样宝贵。在幽静的校园里，莘莘学子徜徉在知识的海洋中，孜孜不倦、求知若渴的身影随处可见。朗朗的读书声化成一曲曲动听的旋律，捧书静读的景象构成一道道靓丽的风景，浓浓的书香弥漫着整个校园的每个角落，沁人心脾。

幽静乡村

幽静的乡村,
适闲的情调,
安静地品味生活,
闲时在光线透亮的农家小院里,
做点小手工活,
这就是生活在喧嚣嘈杂里的都市人追求的田园生活。

翔安印象

和谐翔安

和谐之音

两岸弦友频繁互访，促进了交流的常态化。传唱千年的南音为两岸文化沟通搭起金桥，来自台湾的南音弦友与翔安区南音弦友齐聚一堂，同台献艺，共奏海峡两岸和谐之音。

翔安印象

和谐翔安

是什么能让满头银丝的老爷爷、老太太面带微笑、襁褓中的婴儿如此聚精会神，无非是台上的歌舞升平，余音绕梁。

安居乐业

安居，才能乐业，从悠然自得的老少爷们脸上的表情，可以深切感受到翔安的社会环境和谐安康。

灯谜竞猜活动

春节送春联活动

春节文艺活动

灯谜竞猜活动

携着妻儿老小到公园里猜灯谜，邀上亲朋好友在舞台上一展歌喉，是翔安人民逢年过节必不可少的文化娱乐活动。丰富多彩的民俗活动为祥和、喜庆的节日增色不少。翔安人的生活过得殷实、富有活力。

祥和之春

群众卡拉OK比赛

棋乐无穷

一杯清茶，一块棋盘，三五好友，茶余饭后，临街对弈，这便是翔安人的爱好。浓厚的体育氛围，孕育出许多棋坛名将，翔安有多位著名棋手，中国象棋特级大师郑一泓就是从这街头巷尾的楚河汉界中走出来的。

台湾象棋交流团来翔交流

与台湾基隆象棋协会交流　　交流活动挂帅仪式

中国象棋特级大师郑一泓在台湾与棋友进行车轮战

　　翔安象棋有着悠久的历史。近年来,中国象棋成为两岸文化体育交流特色项目,翔安与台湾棋坛多次互访。2010年,翔安象棋协会与中华台北象棋教育推广协会签订双方定期交流意向书,促进两岸象棋交流常态化。

全民健身

厦门市翔安区第二届体育运动会
2008.10.24—27

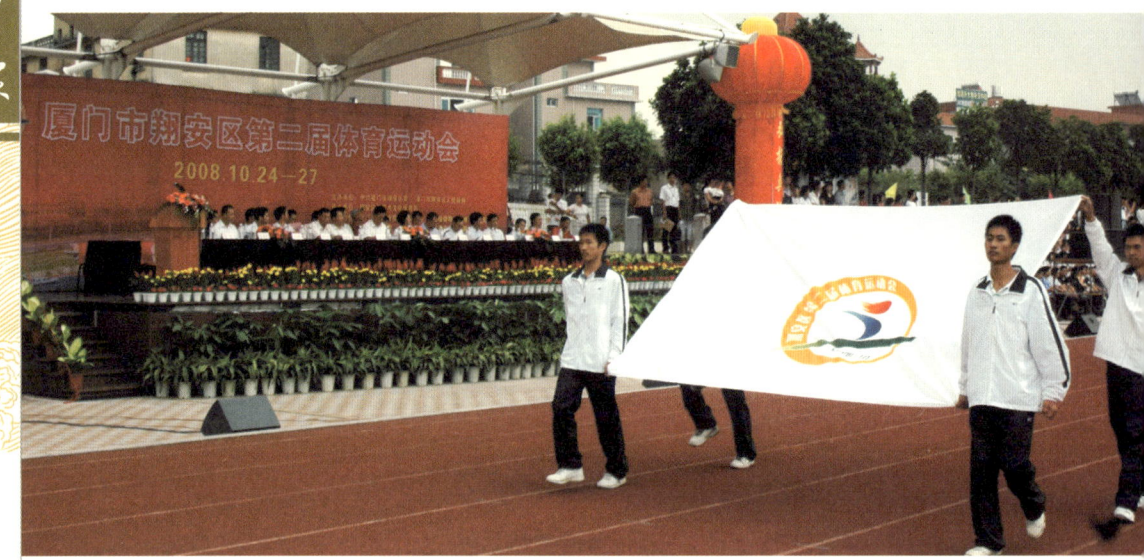

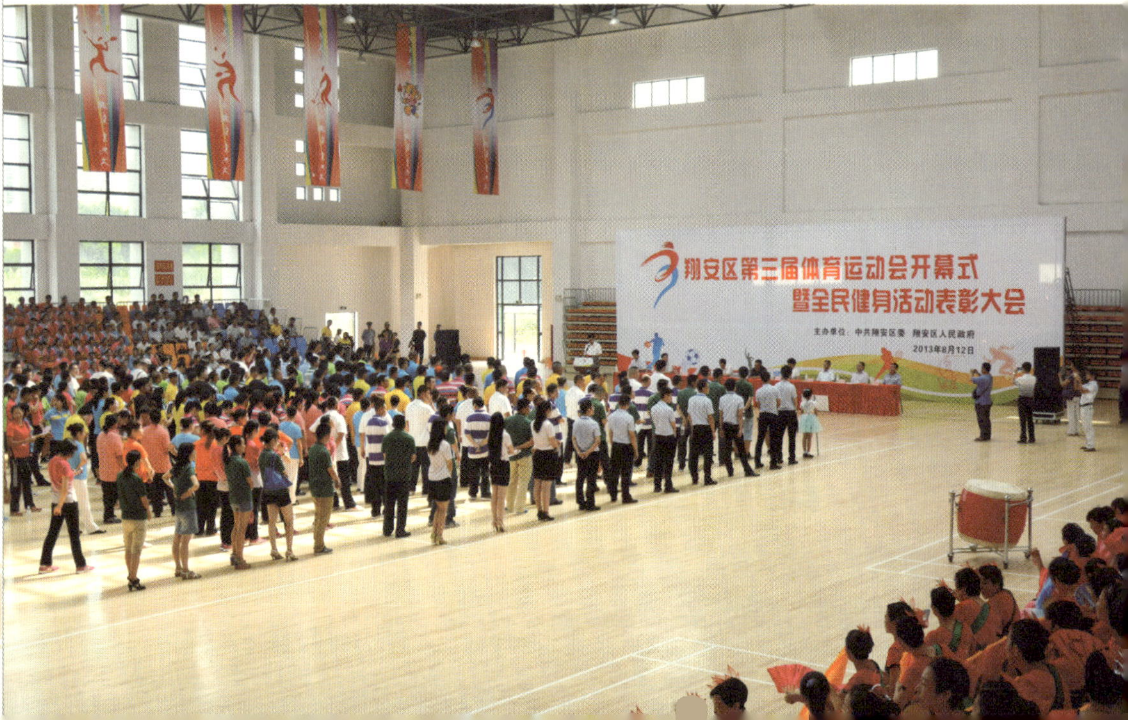
翔安区第三届体育运动会开幕式
暨全民健身活动表彰大会
主办单位：中共翔安区委 翔安区人民政府
2013年8月12日

每四年一届的区运会和中小学生运动会,成为翔安推广全民健身活动和选拔优秀体育人才的平台。在建区以来参加的三届厦门市运动会中,区运动健儿在比赛中屡获佳绩,青少年组总分均名列前茅,射击射箭、田径、跆拳道等项目成为赛事亮点。群众体育与竞技体育同步发展,促进翔安体育事业蓬勃发展。

全民健身

建区以来,翔安大力开展全民健身活动,在全市率先举办村村篮球赛、村村象棋赛、村村乒乓球赛,老年人体育运动开展更是如火如荼。通过举办各种体育赛事,带动群众参与体育活动,增加体育人口数量,增强人民体质。

运动快乐

我心飞翔

春华秋实

翔安现有翔安一中排球、新店中学田径、巷西中学射击射箭、新圩中学重竞技、马巷中心小学武术、大嶝中学棒垒球等一大批体育传统校项目和后备人才训练基地。

运动健儿数年如一日地坚持训练，厚积薄发，在市运会、省运会、全运会等赛事中摘金夺银。其中，在省青少年射击锦标赛中，巷西中学为厦门队夺冠贡献三金；在第十七届、第十八届市运会中我区分别有47枚、46枚金牌入账……

翔安射击队在第十八届市运会中射中15枚金牌

鹤发丹心

保持年轻的心态并适当参加文体活动，是翔安老体协这群年已古稀却鹤发童颜的老人永葆青春的秘诀。

村口戏台、广场自娱自乐的活动及各大节日的表演现场，都能看到他们矫健的身姿。翔安腰鼓表演《鼓舞丰年》在全国首个全民健身日市级展示活动中夺冠。

翔安印象

和谐翔安

在全国首个全民健身日市级展示活动中表演

大爱无疆

翔安民间戏曲学校培养的学生已成为顶梁柱

对于弱势群体，翔安人总是乐于伸出关爱之手。翔安民间戏曲学校自20世纪90年代起，收养并培育了数十名单亲家庭的孩子及孤儿，教戏功、学文化，如今他们都已成为戏台上的顶梁柱；同心儿童院对孩子们的衣食住行、生活起居的关怀更是无微不至，社会各界也都伸出援助之手，助他们快乐成长。所有这一切，不由得让人赞叹，上善若水，大爱无疆！

温馨如家的同心儿童院

唱响翔安

翔安女子合唱团参加第四届世界合唱比赛

翔安女子合唱团和翔安新圩女合唱团分别在第四届和第六届世界合唱比赛中摘得银牌,她们是来自各行各业的音乐爱好者,有教师、学生,甚至有来自田间利用农闲排练的新圩嫂子。对音乐的执着追求和对生活的热爱,让她们在舞台上一次次成为焦点。

翔安新圩女合唱团参加第六届世界合唱比赛

新圩女合唱团图片由杨保卫提供

古庙口，品杯香茗，看场乡戏，叙叙家常，对于年近古稀的老人们来说，是惬意的美事；在风景如画的田园中劳作、在和谐恬静的养蜂场中享受收获的喜悦，这一切显得那么平淡、和谐，令人羡慕不已。

和谐翔安

翔安印象

和谐翔安

香山文化丛书

印象

魅力 翔安
MEI LI

218

魅力翔安

- 风光无限
- 天然海港
- 交通枢纽
- 兴业热土
- 宜居新城
- 设施完善
- 公共服务
- 文教园区
- 工业园区
- 品牌赛事
- 走向辉煌
- 新城崛起

风光无限

据《马巷厅志》记载，翔风、民安、同禾三里均归马巷厅管辖，辖今马巷、新店、内厝、大嶝、新圩、金门等地。2003年，厦门市行政区划调整，在原同安区东部设立新区，取翔风、民安各一字为翔安，寓意"翱翔安康"。

朱熹任同安主簿时称此地"五百年前利不通，五百年后通利地"，如今，原马巷厅管辖范围划归翔安，设立新区迎来新的机遇，各项事业蒸蒸日上，风光无限，魅力无限。

大帽山三角梅园　　　　　　　　　　　　　　　　大嶝小镇台湾免税公园

天然 海港

　　翔安海岸线长达75公里，拥有得天独厚的地理优势，境内有多处天然深水港口，自古以来，刘五店、沃头等地码头一直都是闽南对外交流的起始点。作为厦门东部重要的水上运输通道，与金门岛相距仅五海里的刘五店港区，可利用深水港长达九公里，未来这里将成为大陆距台湾最近的深水港口和两岸货运的"桥头堡"。

刘五店码头

魅力翔安

大嶝大桥

翔安隧道收费站

　　翔安建区以来，不断加强公共配套设施建设，着重完善交通网络。全国第一条海底隧道"翔安隧道"于2010年建成通车，成为连接厦门东部和本岛的主要通道；宽达120米的全省最宽城市快速路"翔安大道"，经过几年的不断建设、完善，不但成为境内主要的交通要道，大道两侧的带状公园还是市民休闲健身的好去处；高速公路、高速铁路贯穿全境。区政府距厦门火车站、高崎机场均不足30分钟车程。新区路网纵横交错，方便快捷，成为闽南乃至全省的交通枢纽。

翔安隧道

[交通 枢纽]

魅力翔安

福厦高铁从境内穿过　　　　　高速公路翔安出口

翔安大道

兴业热土

独特的区位优势、热情好客的翔安人、良好的投资环境和优惠的招商引资政策，使翔安成为东南沿海备受关注的投资兴业热土。火炬高新产业区、翔安工业园区、翔安企业总部会馆的设立，为怀揣创业梦想的企业家们提供了施展才华的舞台。近年来，众多央企、跨国企业的总部纷纷进驻翔安。

翔安印象

魅力翔安

宜居新城

翔安大道路带状公园　　生活小区

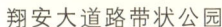

翔安新城

　　随着岛内外一体化进程的加快，翔安各项公共配套设施日益完善。教育资源不断优化，医疗卫生配套日趋完善，精致的楼盘如雨后春笋，深厚的文化底蕴彰显魅力，文体设施建设日臻成熟，翔安新城粗具雏形，新区犹如璀璨的明珠，格外耀眼，成为令人向往的宜居新城。

翔安印象

魅力翔安

设施完善

建区以来,各项公共设施建设不断加强,青少年校外体育活动中心、体育广场、游泳馆、文化广场、闽南童谣基地、闽南文化博物馆等文体设施逐步完善,公共文化服务设施免费开放,文化惠民落到实处。

成片的户外运动场所

翔安一中体育馆

青少年校外体育活动中心

法制广场

翔安体育场

翔安印象

魅力翔安

闽南文化主题公园

文化中心

服务民生

优质的教育资源

完善的医疗设施

　　新区服务民生的公共服务体系日趋完善,近年来取得量质齐胜的飞跃。教育资源整合,促进教育均衡发展;农村医疗卫生条件和医疗救助体系进一步完善;区镇村三级公共文化服务体系网络健全,实现全区村居文化活动室全覆盖。各项社会事业建设纳入政府为民办实事项目,百姓安居乐业。

新兴街夜景

文教园区

厦门大学嘉庚风格建筑

厦门技师学院

厦门南洋学院

厦门安防科技学院

风景秀丽的翔安香山南麓聚集了厦门大学翔安新校区、南洋学院、华天涉外学院、技师学院、海洋职业学院、安防科技学院六所高等院校，构成翔安文教园区，每年为社会输送高级人才上万名，成为翔安高级人才培养基地。

厦门华天涉外学院

工业园区

2006年,省政府批准设立翔安工业园区、银鹭食品工业区、巷北工业区以及火炬(翔安)产业区,吸引众多央企和跨国企业聚集翔安,投资创业。现有友达光电、天马微电子、冠捷科技等在全球具有领先水平的光电企业落户翔安,以低污染、低能耗、高附加值的产业园区成为全国唯一的光电显示产业集群试点,带动翔安工业园区整体实力的提升,未来或成为海西最大的光电产业基地。

翔安印象

魅力翔安

鸟瞰工业园区

品牌赛事

近年来,翔安区加强文化品牌培育,打造海西围棋联赛、百盘围棋车轮大赛、海峡杯全国书画展等顶级赛事,国家围棋队总教练俞斌等一大批围棋好手前来助战,全国书画精品齐聚翔安。一系列在海峡两岸乃至全国具有较强影响力的文化、体育精品赛事在翔安发展壮大。

百盘围棋车轮大赛

"海峡杯"全国书画展活动现场(本页照片由区政协办提供)

伦敦奥运会铜牌得主戴小祥

走向辉煌

戴小祥回母校，受到小朋友热烈欢迎　　戴小祥为母校的小朋友签名（照片由马巷中心小学提供）

帆船名将陈和池

建区以来,翔安竞技体育水平节节高升,每年均为上级体育机构输送一大批后备人才,在各级各类比赛中成绩喜人。本土运动员伦敦奥运会射箭季军戴小祥、亚洲帆船冠军陈和池、全国跆拳道冠军许永增等运动健儿获得出类拔萃的战绩,令世人瞩目。翔安体育走向历史新高,令人引以为豪。

全国跆拳道冠军许永增

(本页运动员照片为网络下载图片)

新城崛起

古老的翔安大地，魅力十足；年轻的翔安新区，朝气蓬勃。建区十周年来，翔安新城在这片历史悠久、人文荟萃、充满神奇的广袤大地上迅速崛起。如今的翔安区位优势日趋明显，交通路网方便快捷，公共设施日臻完善，文教园区气势恢宏，高新企业争相入驻，优质小区拔地而起，民生保障措施有力，经济实力迅速提高，发展前景无限广阔。

我们期待，未来的翔安将是两岸交流活动的门户、投资兴业的热土、闽南重要的交通枢纽、百姓安居的乐园和充满活力的"智慧名城"；我们相信，未来的翔安更美丽。

美丽翔安
MEI LI

魅力翔安

翔安印象

魅力翔安

后记

  翔安，我的故乡。

  从记事时起，我常在静谧的夜晚，远远瞧着村中老人三五成群围坐在村头古井边，眯着双眼，跷着二郎腿，悠然自得地拉着二胡，弹着琵琶，绕梁的乐声伴随着抑扬顿挫的动作，夹着泥土的芳香，顺着幽深的小巷飘得老远，老远。

  小学时，拽着大人的衣角，提着个小矮凳，顺着远处传来的锣鼓声，一脚高一脚低地晃到邻村的土戏台前，好不容易在人缝中找了个位置坐下，看着浓妆艳抹的"大黑脸"、"白鼻子"在台上翻滚，看着台下已坐着进入梦乡还不愿回家的老奶奶，听着似懂非懂的唱腔和戏词，心里却馋着旁边炸得酥脆的油条。

  上初中了，每当农历正月初六，约上几个知心同学，蹬着自行车，一路唱着《让我们荡起双桨》，不知疲倦地冲上香山，喝完"蚵仔面线"，手里又揣着一块炸海蛎饼爬到树上，只见善男信女们手里抓着一大把香，带着虔诚的笑容从庙门口进进出出，广场上人头攒动，里三层外三层，把一群舞刀弄枪、装扮看似梁山好汉的英雄们围得水泄不通。

  高中时，喜欢上猎奇探险，听说古代不少书生沿着古宅十八弯，参加科举考试而功成名就。出于好奇，慕名登上这古朴自然的历史古道，在战战兢兢中回首展望，发现翔安也有这样的秀山丽水，方知自己这么渺小；在街头闹市，偶然得知池然于小盈岭舍身服瘟药救黎民百姓的感人传说；元宵节小弟妹们拎着自制的纸花灯和用大地瓜挖空做成的火把灯,走街串巷,口里唱着"迎灯迎呼呼"的童谣……

这一切过去十数年,但历历在目,印象深刻。不禁感叹:

壮哉翔安、美哉翔安!

进入大学那天,父亲送我一台照相机作为入学奖励,从此,它成了我常不离手的亲密伙伴,我学会用它记录生活的美好瞬间,用它表达自己的情感。

后来,我的工作岗位让我有更多的机会接触翔安的历史文化,我对翔安有了更多的认识,儿时模糊的印象又渐渐清晰起来,村头古井边唱的是南音,土戏台上的"大黑脸""白鼻子"演的是高甲戏,香山庙会前的英雄扮的是"宋江阵"……这些都被定格在我的镜头里。

随着资料的不断累积,缘于对故乡的热爱,有一天,我偶发奇想,将其汇集成册,让众人感受翔安深邃的文化积淀,发现翔安秀丽的山水风光,关注翔安多彩的民俗风情,领略翔安的无尽魅力。

谨以此书献给十周岁的翔安新区!

书中图片可能不及专业摄影集中的作品追求光影的效果,照片虽未经过多的后期艺术加工,但它以写实的方式记录了翔安的发展。为了篇章结构需要,个别使用网络照片,并无侵权本意,特此说明,并对原创作者表示感谢!

《翔安印象》在编写过程中,得到相关部门和个人的支持,区政协办、马巷元威殿管委会、高迅莹女士、张天骄先生、杨保卫先生、蒋承志先生提供部分珍贵照片,张再勇先生、林碰狮先生提出宝贵意见;本丛书在前期筹备中还得到纪清渊、李泉林、李正南等同志的大力支持,在此一并感谢!

囿于水平有限,疏漏和舛误之处在所难免,敬请诸方家赐教指正。

2013年9月

图书在版编目(CIP)数据

翔安印象/潘志坚著 翔安区文体广电出版旅游局编.
—厦门:厦门大学出版社,2013.10
(香山文化丛书)
ISBN 978-7-5615-4583-6

Ⅰ.①翔… Ⅱ.①潘…②翔… Ⅲ.①厦门市-概况
Ⅳ.①K925.73

中国版本图书馆 CIP 数据核字(2013)第 235265 号

厦门大学出版社出版发行

(地址:厦门市软件园二期望海路 39 号 邮编:361008)

http://www.xmupress.com

xmup @ xmupress.com

厦门集大印刷厂印刷

2013 年 10 月第 1 版 2013 年 10 月第 1 次印刷

开本:787×1092 1/16 印张:16.125 插页:2

印数:1~3 000 册

定价:76.00 元

本书如有印装质量问题请寄承印厂调换